BEI GRIN MACHT SICH IHR
WISSEN BEZAHLT

- Wir veröffentlichen Ihre Hausarbeit,
  Bachelor- und Masterarbeit

- Ihr eigenes eBook und Buch -
  weltweit in allen wichtigen Shops

- Verdienen Sie an jedem Verkauf

Jetzt bei www.GRIN.com hochladen
und kostenlos publizieren

Bibliografische Information der Deutschen Nationalbibliothek:

Die Deutsche Bibliothek verzeichnet diese Publikation in der Deutschen National-bibliografie; detaillierte bibliografische Daten sind im Internet über http://dnb.d-nb.de/ abrufbar.

Dieses Werk sowie alle darin enthaltenen einzelnen Beiträge und Abbildungen sind urheberrechtlich geschützt. Jede Verwertung, die nicht ausdrücklich vom Urheberrechtsschutz zugelassen ist, bedarf der vorherigen Zustimmung des Verla-ges. Das gilt insbesondere für Vervielfältigungen, Bearbeitungen, Übersetzungen, Mikroverfilmungen, Auswertungen durch Datenbanken und für die Einspeicherung und Verarbeitung in elektronische Systeme. Alle Rechte, auch die des auszugsweisen Nachdrucks, der fotomechanischen Wiedergabe (einschließlich Mikrokopie) sowie der Auswertung durch Datenbanken oder ähnliche Einrichtungen, vorbehalten.

Impressum:

Copyright © 2018 GRIN Verlag
Druck und Bindung: Books on Demand GmbH, Norderstedt Germany
ISBN: 9783668655232

Dieses Buch bei GRIN:

https://www.grin.com/document/414589

Erik Leitenberger

Einfluss von Alkohol und Koffein auf das Reaktionsvermögen

GRIN Verlag

GRIN - Your knowledge has value

Der GRIN Verlag publiziert seit 1998 wissenschaftliche Arbeiten von Studenten, Hochschullehrern und anderen Akademikern als eBook und gedrucktes Buch. Die Verlagswebsite www.grin.com ist die ideale Plattform zur Veröffentlichung von Hausarbeiten, Abschlussarbeiten, wissenschaftlichen Aufsätzen, Dissertationen und Fachbüchern.

Besuchen Sie uns im Internet:

http://www.grin.com/

http://www.facebook.com/grincom

http://www.twitter.com/grin_com

Einfluss von Alkohol und Koffein auf das Reaktions-vermögen

Hausarbeit im Fach Technisches Projekt

Abgabedatum: 20.01.2018

Kurzfassung

Diese Hausarbeit befasst sich mit der Untersuchung des Einflusses von Alkohol und Koffein auf die Reaktionszeit. Es wurde untersucht, welche Wirkung Alkohol, Koffein und beides kombiniert auf die Reaktionszeit im Vergleich zum nüchternen Zustand und untereinander hat. Hierfür wurden acht männliche Probanden im Alter von 18 bis 27 untersucht. Die Probanden mussten nach Einnahme und einer gewissen Wirkdauer, einen einfachen Reaktionstest absolvieren. Das Ergebnis war eine signifikante Verschlechterung der Reaktionszeit durch Alkohol und eine leichte Verbesserung durch Koffein. Die Kombination von Alkohol und Koffein führte zu einer signifikanten Verschlechterung der Reaktionszeit, konnte allerdings keine signifikante Verbesserung im Vergleich zu Alkohol hervorrufen.

Schlagworte: Reaktionszeit, Alkohol, Koffein

Inhaltsverzeichnis

Abbildungsverzeichnis

Tabellenverzeichnis

Abkürzungsverzeichnis

App	Applikation, englisch für Software, in der Regel auf einem Smartphone
BMI	Body Maß Index
kg	Kilogramm
m	Meter
WHO	World Health Organisation, Gesundheitsorganisation der Vereinten Nationen

1 Einleitung

Die vorliegende Hausarbeit ist Bestandteil des Studiums Wirtschaftsingenieurwesen zur Erlangung des Master Abschlusses an der Hochschule Darmstadt. Sie wurde angefertigt im Fach (MT23) Technisches Projekt und soll dem Studierenden Einblick in ein technisches Thema, insbesondere dem Aufstellen, Durchführen und Auswerten einer Versuchsreihe ermöglichen.

5 CP entsprechen laut Modulhandbuch 150 Stunden Aufwand. Aufgrund der zeitintensiven Datenerhebung wurden für die vorliegende Hausarbeit circa 40 Prozent auf Vorbereitung, Durchführung und Auswertung der Experimente, so wie 60 Prozent auf Literaturrecherche und Ausarbeitung verwendet.

1.1 Forschungsfrage

Ziel dieser Arbeit ist, aufzuzeigen, ob Alkohol und Koffein einen Einfluss auf die Reaktionsfähigkeit haben. Ein Nutzen der Untersuchung könnte sein, die untersuchten Faktoren im Straßenverkehr besser einschätzen zu können. So gibt es für den Konsum von Alkohol im Straßenverkehr klare Regeln, zu Koffein jedoch keinerlei Vorgaben. (Witte 2016)

Die daraus abgeleiteten Nullhypothesen sind demnach:

- Alkohol hat keinen Einfluss auf die Reaktionsfähigkeit
- Koffein hat keinen Einfluss auf die Reaktionsfähigkeit
- Die Kombination von Alkohol und Koffein, hat keinen Effekt auf die Reaktionszeit.

1.2 Motivation

Hauptmotivation ist ein Erfahrbarmachen der Effekte von Alkohol und Koffein auf die Reaktion. Da häufig bezüglich Alkohol verschiedene Gerüchte im Umlauf sind, ist es für die Einschätzung von Konsum und Reaktion bezüglich der Verkehrstauglichkeit, einer der Anreize, diese Arbeit anzufertigen.

1.3 Vorgehen

Nach einer groben Recherchephase, hauptsächlich zu den einzelnen Faktoren, wurde die Methodik mittels Smartphone Software festgelegt und erste Messungen durchgeführt. Basierend darauf wurde ein Versuchsplan entwickelt. Parallel zur Auswahl der Probanden wurde die theoretische Ausarbeitung angefertigt. Die Messungen fanden alle in der Kalenderwoche 40 statt. Im Anschluss wurden die Daten mit minitab analysiert.

2 Methode

2.1 Faktoren

2.1.1 Reaktionszeit

Die Reaktionszeit, auch Verzögerungszeit genannt, ist die Zeit zwischen einem Ereignis (Aktion) und einer zeitlich verzögerten Reaktion. Die Messung und Untersuchung der Reaktionszeit des Menschen auf äußere Reize ist der Psychologie zuzuordnen. Hierbei wird die Reaktionszeit auf Stimuli ermittelt. Wichtig dabei ist die Unterscheidung von einfachen Reaktionen, wie das Drücken einer Taste und die Reaktion auf unerwartete Ereignisse, zum Beispiel im Straßenverkehr. Bei unerwarteten Stimuli kommt es in der Regel zur sogenannten Schreckreaktion. (Fucik & Bürger 2008, S. 14)

2.1.2 Alkohol

Alkohol wirkt im Körper als Betäubungsmittel. Hauptsächlich wirkt sich der Konsum von Alkohol auf das zentrale Nervensystem aus. Darüber hinaus lässt die Sehfähigkeit und Bewegungskoordination bereits bei 0,2 Promille nach. (suchthilfe.net 2017)

Nach der Bundeszentrale für gesundheitliche Aufklärung (BZgA 2017) ist nach dem Konsum von zwei Litern Bier, ein Alkoholgehalt von 1,06 Promille, bei einer 25-jährigen Person von 85 Kilogramm, erreicht. In diesem Zustand ist unter anderem eine erhebliche Störung der Reaktionsfähigkeit zu beobachten. Einen signifikanten Einbruch der Reaktionszeit sieht Rickert u. a. (1968, S. 185) bereits bei 0,5 Promille.

Die für den Versuch verwendeten Niveaus sind kein Bier und ein Liter Bier. Die Menge des oberen Niveaus wird binnen fünf Minuten oral zugeführt. Um die volle Wirkung des Alkohols zu entfalten, wird ein Zeitraum zwischen Konsum und Messung von 30 Minuten auf leeren Magen angesetzt.

2.1.3 Koffein

Koffein wird häufig wegen seiner stimulierenden Wirkung eingenommen. Hersteller von Energie Drinks werben sogar mit konzentrationssteigernden Auswirkungen durch Einnahme. Untersuchungen von Feierabend und Bättig (1982, S. 241) legen jedoch nahe, dass eine Menge von 300 mg Koffein keinen Effekt auf die Bearbeitung komplexere Aufgaben haben.

Es ist daher wichtig, die Wirkweise von Koffein zu verstehen. Wenn Nervenzellen Energie verbrauchen, entsteht Adenosin, das eine Überanstrengung von Nervenzellen verhindern soll. Koffein hat eine ähnliche Struktur, und besetzt dessen Rezeptoren, verschließt diese aber nur. Dies führt dazu, dass kein Signal zur Drosslung der Nervenzellen gesendet werden kann. Die Müdigkeit wird somit durch Koffein unterdrückt. (Syrén 2017)

Um eine eindeutige Wirkung zu erzielen, wird für den Versuch eine Menge von 400 mg oral, innerhalb von einer Minute, mittels Koffeintabletten verabreicht. Nach Wolpers (2017) ist, ähnlich wie bei Alkohol, mit einem einsetzten der Wirkung von Koffein, nach 10 bis 60 Minuten zu rechnen, weshalb im Versuch die Messungen 30 Minuten nach der Einnahme durchgeführt wurden.

2.1.4 Störgrößen

Eine mögliche Störgröße von Alkohol könnte die verringerten motorischen Fähigkeiten bei 0,5 Promille sein. Diese kann dazu führen, dass bei der verwendeten Software die Kästchen schnell erkannt und geklickt werden können, durch die schlechtere Koordination aber nicht richtig getroffen werden und so zu einem Fehlversuch führen. Dieser Störgröße wird begegnet, indem lediglich erfolgreiche Versuche gewertet werden.

Die Aufnahmegeschwindigkeit von Alkohol verändert sich mit zunehmendem Alter (Schmitz 2017). Da eventuelle Verzerrungen durch das Alter ausgeschlossen werden sollen, wurden lediglich Probanden zwischen 18 und 27 ausgewählt, um den Störfaktor Aufnahmefähigkeit der Substanzen in Abhängigkeit vom Alter auszuschließen.

Die Wirkung von Alkohol ist unter anderem abhängig vom Körpergewicht der Probanden. Um diese Störgröße möglichst gering zu halten, wurden lediglich normalgewichtige Probanden, anhand des BMI ausgewählt. Auf der BMI Skala sind Personen 18,5 und 25,0 normalgewichtig. (Spiegel Online 2017) Der BMI berechnet sich aus Körpergröße und Körpergewicht wie folgt (Klier 2017):

Formel: BMI = Körpergewicht in kg / Körpergröße^2 in m   (2.1)

Auch das Geschlecht der Probanden spielt, in Korrelation mit dem Körpergewicht, eine Rolle bei der Aufnahmefähigkeit (BZgA 2017). Durch häufigen Konsum von Alkohol, stellt sich eine Anpassung des Körpers ein. Die durch die WHO empfohlene maximale Menge an Alkohol eines erwachsenen Menschen entspricht 0,6 Liter Bier pro Tag (sueddeutsche.de 2013). Das Konsumverhalten der Probanden und deren Auswirkung wird im Teil 4. Diskussion näher behandelt.

Ähnlich wie bei Alkohol, geht ein regelmäßiger Koffein Konsum mit einer schwächeren Reaktion des Körpers einher (Spiegel Online 2010). Auch hier werden mögliche Auswirkungen des Konsumverhaltens der Probanden im Teil Diskussion erläutert.

Die Aufnahme kann durch im Magen befindliche Nahrungsmittel verzögert werden (Focus Online 2010), weshalb zwei Stunden vor der Messung nichts von den Probanden gegessen wurde.

2.2 Stichprobe

An dem im Rahmen der Hausarbeit durchgeführten Experiment nahmen acht männliche Studenten teil. Diese waren bei einer Spanne von 18 und 27 Jahren, im Mittel 22 Jahre alt. Das Gewicht der Probanden lag zwischen 74 und 92 Kilogramm und lag im Mittelwert bei 83,9 Kilogramm. Der BMI betrug im Mittel 23,41. Die Probanden gaben an, zwischen 0,5 und 5 Litern Bier pro Woche zu konsumieren, was mit 2,19 Litern pro Woche über dem deutschen Durchschnitt von 1,82 Litern pro Woche liegt (Statista 2017a). Der durchschnittliche Kaffeekonsum von 326,5 ml pro Tag lag unter dem Bundesdurchschnitt von 410 ml (Statista 2017b)und reichte von 0 bis 800 ml Kaffee pro Tag. Alle Messungen wurden zwischen 16 und 18 Uhr an einem Wochentag durchgeführt.

2.3 Verwendete Mess-Software

Die verwendete Software „Reaktion Test" der Firma Freedom Apps misst die Reaktion des Probanden anhand einer Ampelschaltung. Die Software benutzt das Prinzip einer Ampel und das Umschalten von Orange auf Grün als Stimuli. Nach dem Start der Sequenz gibt es eine gewisse Zeit, in der die Ampel auf Gelb geschalten bleibt. Schaltet die Ampel auf Grün um, muss der Stopp-Knopf gedrückt werden. Gemessen wird die Zeit zwischen Aktion, also dem Aufleuchten von Grün, und dem Drücken des Stopp-Knopfes (s. Abbildung 2.1). Vorteil der App ist die Angabe der Reaktionszeit auf sechs Stellen nach dem Komma und der vergleichsweise einfache Aufbau.

Abbildung 2.1: Darstellung der Messsoftwareoberfläche

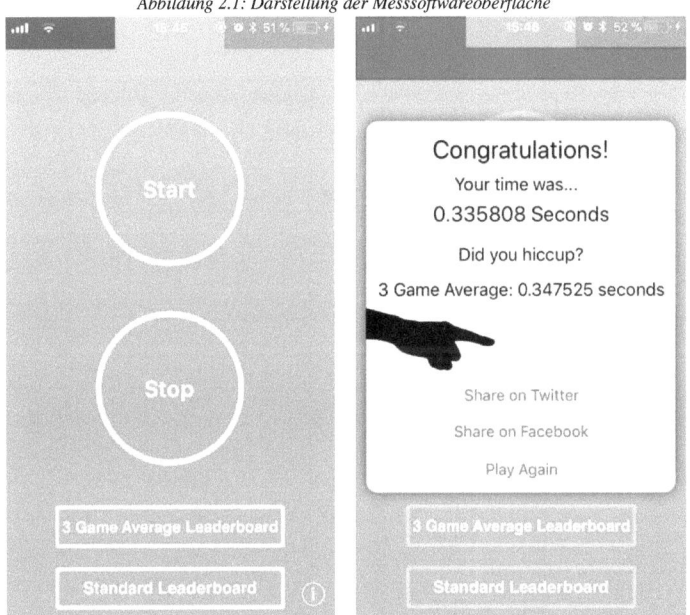

Quelle: Screenshot aus der App

Auf der linken Seite der Abbildung 2.1 zu sehen, ist die Messsoftware im gestarteten zustand, erkennbar an dem gelben Balken. Das rechte Bild zeigt die Software nach der Messung, mit dem Messergebnis. Zur Messung wurden nur ein iPhones verwendet, auf der die Software installiert wurde.

6

2.4 Versuchsablauf

Für die Messung wurde bei acht Probanden, an drei verschiedenen Tagen, durch den Zufall bestimmte Faktoren gemessen. Jeder Versuch wurde einmal pro Proband durchgeführt und dabei im Abstand von 5 Minuten drei Messwerte ermittelt. Vor jeder Verabreichung wurden als Referenzwerte ein Versuch im nüchternen Zustand gemessen. An den jeweiligen drei Messtagen wurde verabreicht nur Alkohol, nur Koffein und Alkohol mit Koffein.

Vor dem Versuch durften die Probanden, zwei Stunden lang nichts essen und nur Wasser trinken. Zwischen Einnahme und Messung wurde jeweils 30 Minuten zur Wirkungsentfaltung eingehalten.

2.5 Versuchsdesign

Bei dem hier vorliegenden Experiment, handelt es sich um einen 2^3 within-subjects Design mit Messwiederholung, mit vier unterschiedlichen Experimenten.

Tabelle 2.1: Versuchsplan

Experiment	Alkohol	Koffein
1	-	-
2	+	-
3	-	+
4	+	+

Quelle: Eigene Darstellung

Wie in Tabelle 2.1 zu sehen, ist das erste Experiment der nüchterne Zustand, ohne Alkohol und Koffein. Experiment zwei misst die Reaktionszeit mit Alkohol. Experiment Zwei, misst die Wirkung von Koffein, und das letzte Experiment ermittelt die Auswirkung der Faktoren Alkohol und Koffein in Kombination.

Wie eingangs erwähnt wurden die Experimente, bzw. die Faktorenverteilung auf die Probanden randomisiert. Eine Blockbildung, wurde durch die Messung an drei Tagen realisiert.

3 Ergebnisse

Insgesamt wurden N=96 Messwerte der Reaktionszeit erhoben. Die einzelnen Messwerte befinden sich im Anhang. Mit einem Messwertumfang von n=24 ist dieser deutlich über dem empfohlenen Wert n=15. Zur Analyse der Messdaten wurde eine einfache ANOVA Analyse, sowie ein Test auf gleiche Standardabweichung und ein Test auf Normalverteilung durchgeführt.

Die mittlere Reaktionszeit der Probanden im nüchternen Zustand, liegt bei 0,299 Sekunden mit einer Standardabweichung von 0,032 Sekunden. Das 95% Konfidenzintervall liegt zwischen 0,285 und 0,313.

Eine Differenz zwischen den Stichprobenumfängen von 0,063 Sekunden, kann mit einer Wahrscheinlichkeit von 90% erkannt werden.

3.1 Standard Normalverteilung der Messwerte

Die Messwerte des Faktors nüchtern ist mit einem p-Wert von 0,147, Standardnormal verteilt. Es gibt keine statistischen Ausreißer, allerdings ist ein Trend zur Gleichverteilung zu erkennen.

Abbildung 3.1: Grafische Analyse für Faktor Nüchtern

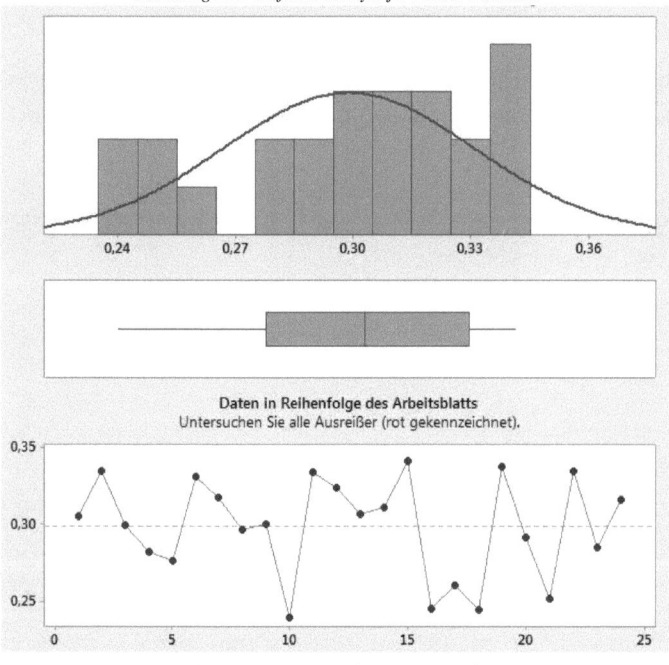

Quelle: Eigene Darstellung aus minitab

Die Gleichverteilung hat zur Folge, dass zum einen die Quantile recht weit auseinanderliegen, obgleich der Median relativ mittig liegt. Der untere (linke) Whisker ist deutlich länger als der obere (rechte). Die Gruppierung links und rechts könnte auf eine Gruppe von Probanden mit besserer bzw. schlechterer Reaktionszeit hindeuten.

Koffein ist mit einem p-Wert von 0,471 ebenfalls normal verteilt und weißt ebenfalls keine Ausreißer auf, wie in Abbildung 3.2 zu sehen ist.

Abbildung 3.2: Grafische Analyse für Faktor Koffein

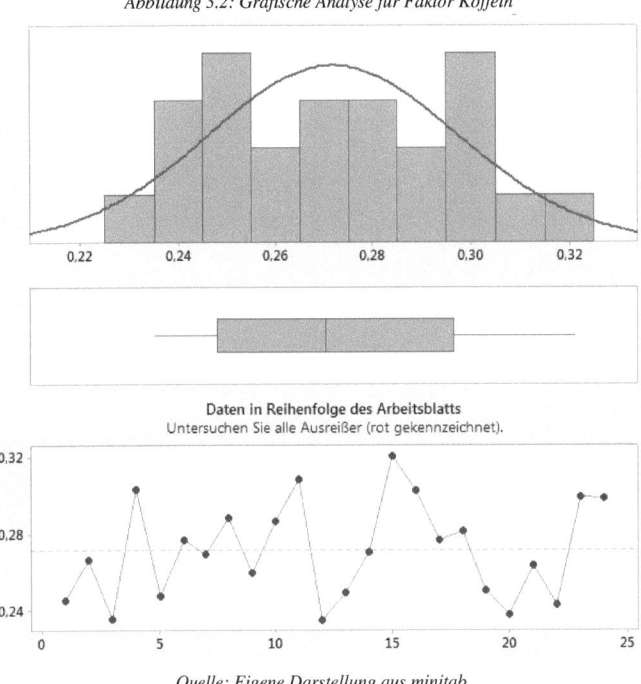

Daten in Reihenfolge des Arbeitsblatts
Untersuchen Sie alle Ausreißer (rot gekennzeichnet).

Quelle: Eigene Darstellung aus minitab

Wie im nüchternen Zustand, liegen das untere und obere Quantil relativ weit auseinander, mit einem ebenfalls relativ mittigen Median. Der untere Whisker ist kürzer als der obere. Wie im nüchternen Zustand gibt es links eine Gruppe mit offensichtlich besserer Reaktionszeit, sowie rechts eine mit schlechterer. Es hat rein grafisch analysiert jedoch eine Verteilung nach links stattgefunden.

Die Messreihe von Alkohol ist mit einem p-Wert von 0,044 nicht normal verteilt. Die Mess-reihe hat zwei Ausreißer.

Abbildung 3.3: Grafische Analyse für Faktor Alkohol

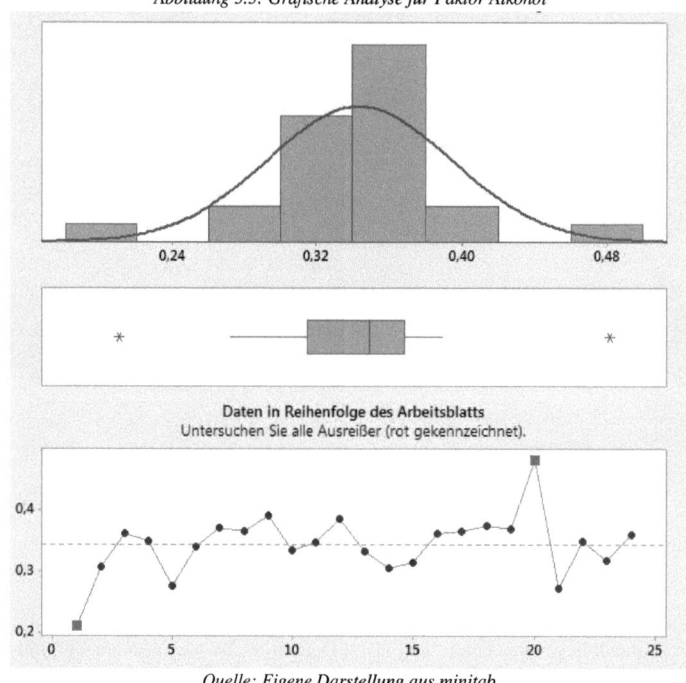

Quelle: Eigene Darstellung aus minitab

Mit zwei Ausreißern ist sowohl der obere als auch der untere Whisker relativ kurz. Der Median ist mehr zum oberen Quantil verschoben.

Mit einem p-Wert von 0,072 ist die Messreihe von Alkohol mit Koffein, trotz eines Ausrei-ßers normal verteilt. Wie in Abbildung 3.4 zu erkennen, gibt es aber eine überproportionale Häufung bei 0,3 sowie Ausreißer nach oben.

Abbildung 3.4: Grafische Analyse für Faktor Alkohol mit Koffein

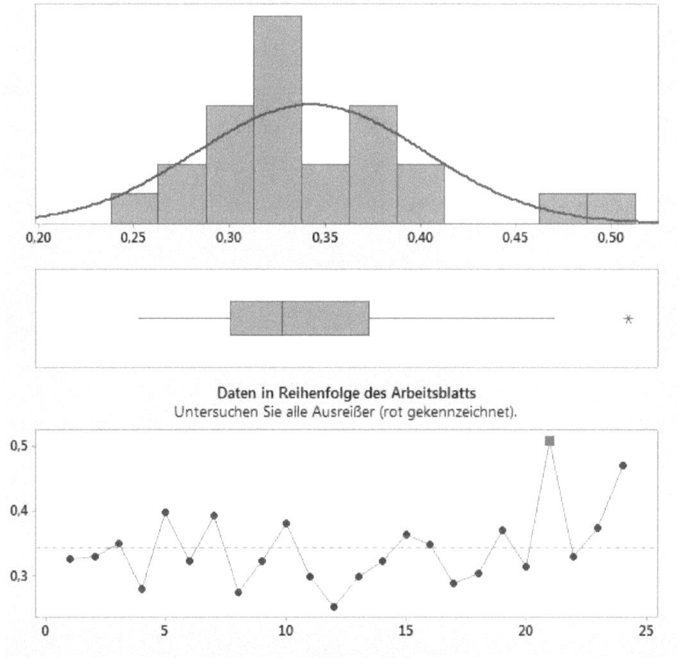

Quelle: Eigene Darstellung aus minitab

Auch auffallend bei der Analyse des Boxplot-Diagramms ist, dass der obere Whisker nach rechts, deutlich größer ist als der untere Whisker links. Das Zentrum liegt etwas näher am unteren Quantil.

3.2 Effekt von Alkohol

Der Effekt des Faktors Alkohol ist signifikant (p=0,05). Dieses erwartete Ergebnis bestätigt die eindeutige Verschlechterung der Reaktionszeit durch Alkohol.

Der Mittelwert von Alkohol liegt bei 0,343 Sekunden. Die Standardabweichung liegt bei 0,051 Sekunden. Das Konfidenzintervall liegt zwischen 0,322 und 0,365 Sekunden. Alkohol weist einen signifikanten Effekt, zu nüchtern und Koffein auf. Interessant ist, dass es keinen Effekt zur gemeinsamen Einnahme von Koffein und Alkohol gibt. Wie in Abbildung 3.5 zu sehen, besteht zwischen deutlicher Abstand zwischen den Mittelwerten von Alkohol, Koffein und dem nüchternen Zustand. Diese Nullhypothese ist also widerlegt.

Abbildung 3.5: Vergleichsdiagramm der Mittelwerte

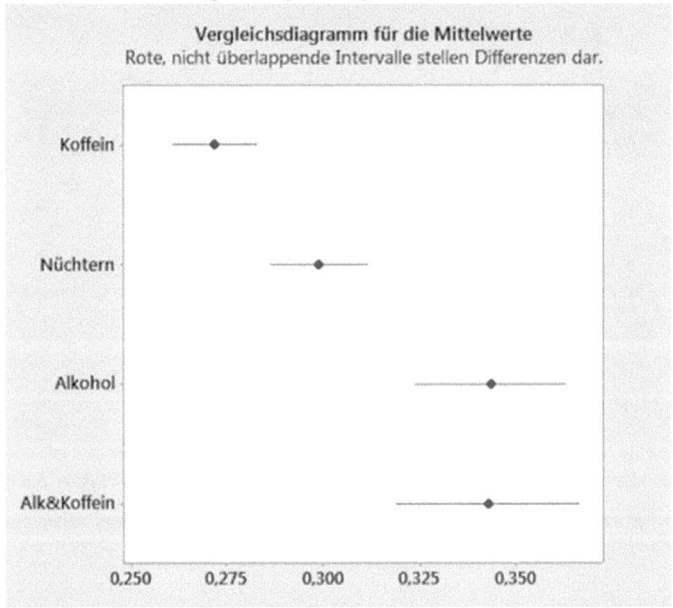

Quelle: Eigene Darstellung aus minitab

3.3 Effekt von Koffein

Durch die Einnahme von Koffein ist ebenfalls eine signifikante ($p=0{,}05$) Veränderung der Reaktionszeit zu beobachten. In diesem Fall hat sich eine um 8,7% verbesserte Reaktion im Vergleich zum nüchternen Zustand eingestellt. Im Mittel lag die Reaktionszeit mit Koffein bei 0,27181 Sekunden. Bemerkenswert ist die geringste Standardabweichung von 0,02564 Sekunden. Das Konfidenzintervall von 95% liegt zwischen 0,26098 und 0,28264 Sekunden.

3.4 Effekt von Alkohol mit Koffein

Der Mittelwert der Reaktionszeit unter Einfluss von Alkohol mit Koffein ist 0,34261 Sekunden und ist somit nur geringfügig besser als der Mittelwert von Alkohol. Die Standardabweichung ist mit 0,060 Sekunden jedoch leicht höher als die Standardabweichungen nur mit Alkohol. Das 95%-Konfidenzintervall für Alkohol mit Koffein liegt zwischen 0,318 und 0,368 Sekunden.

3.5 Verteilung der Messwerte

Wie in Abbildung 3.6 zu sehen liegen die Messwerte in einem akzeptablen Korridor und es sind weder Trends noch Gruppierungen zu erkennen. Statistische Ausreißer gibt es nur in den Messreihen mit Alkohol sowie Alkohol mit Koffein. Die Verteilung der Daten weißt nur bei Koffein eine gewisse Häufung um einen gewissen Messwert auf.

Abbildung 3.6: Verteilung der Messwerte

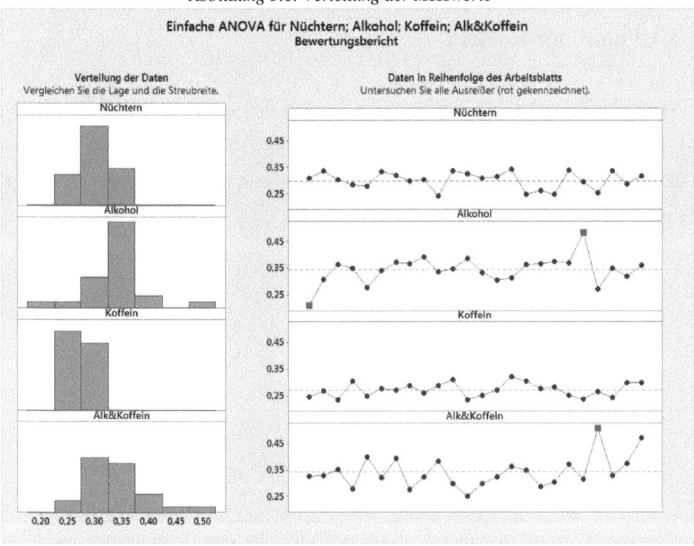

Quelle: Eigene Darstellung aus minitab

3.6 Test auf gleiche Standardabweichung

Für den Test der Standardabweichungen wurde der Bonett-Test verwendet. Die Mindestzahl an Messwerten von 20 wurde erfüllt. Mit dem Signifikanzniveau von 0,05 liegen keine Anzeichen für Unterschiede zwischen den Standardabweichungen vor. Wie in Abbildung 3.7 zu sehen, unterschieden sich die Standardabweichungen nicht signifikant voneinander.

Abbildung 3.7: Vergleichsdiagramm für Standardabweichungen

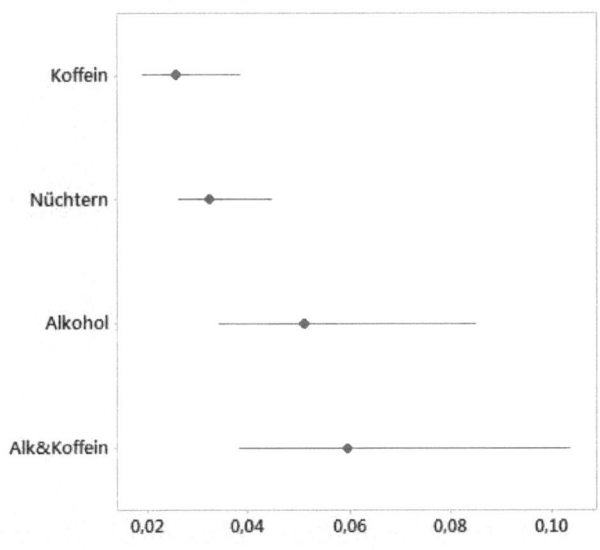

Quelle: Eigene Darstellung aus minitab

3.7 Haupteffektdiagramm

Wie in Abbildung 3.8 zu sehen, haben beide Geraden eine Steigung, was auf vorhandene Haupteffekte hinweist. Die Steigung der Alkohol Geraden ist deutlich steiler, was auf einen stärkeren Effekt hinweist. Durch Alkohol wir die Reaktionszeit also deutlich verschlechtert.

Auf der rechten Seite ist die Haupteffektgerade von Koffein etwas flacher, was auf einen geringeren Effekt schließen lässt. Dennoch ist dieser vorhanden und beeinflusst die Reaktionszeit positiv.

Abbildung 3.8: Haupteffektdiagramm von Alkohol und Koffein

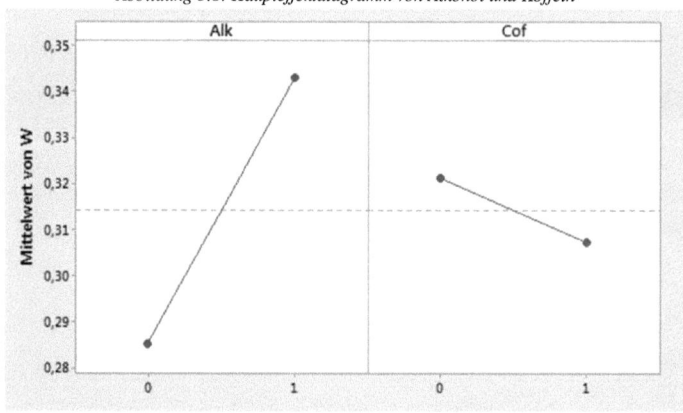

Quelle: Eigene Darstellung aus minitab

3.8 Wechselwirkungsdiagramm

Die Abbildung 3.9 zeigt die Wechselwirkung von Alkohol und Koffein an. Die Linien laufen nicht parallel, es liegt also eine Wechselwirkung vor. Der Punkt A am unteren Ende der roten Linie zeigt den Mittelwert der Messungen nur mit dem Faktor Koffein. Punkt B zeigt den Mittelwert im nüchternen Zustand. Das Wechselwirkung Diagramm zeigt also eine Verbesserung der Reaktionszeit durch Koffein, im Vergleich zum nüchternen Zustand.

Abbildung 3.9: Wechselwirkungsdiagramm von Alkohol und Koffein

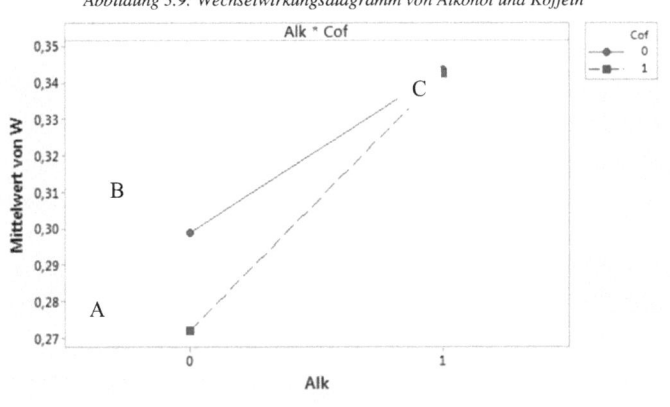

Quelle: Eigene Darstellung aus minitab

An Punkt C sind die beiden Mittelwerte von nur Alkohol und Alkohol mit Koffein. Beide liegen nah beieinander, was darauf schließen lässt, dass kein Unterschied zwischen diesen beiden Werten liegt. Beide Mittelwerte sind aber deutlich schlechter als der Mittelwert im nüchternen Zustand. Das bedeutet, Alkohol wirkt sich negativ auf die Reaktionszeit aus und die Einnahme von Koffein hat keine verbessernde Wirkung, wenn Alkohol konsumiert wurde.

4 Diskussion

Die Tendenz der Messwerte „nüchtern" zur Gleichverteilung, waren nicht erwartet. Eigentlich ist anzunehmen, dass diese Normal verteilt wären. Dies könnte zum einen an einem physikalischen Grenzwert, nämlich der menschlich bestmöglichen Reaktionszeit liegen oder an einer individuell bestmöglich Reaktionszeit, die sich nach etwas Übung einstellt und dann nur noch sehr gering variiert. Bei einer genaueren Betrachtung der personenbezogenen Messwerte, konnte jedoch keiner der beiden Theorien bestätigt werden. Hier wäre eine höhere Stichprobenanzahl nötig um diesen Effekt zu untersuchen.

Die Ergebnisse der Messwerte „Alkohol" waren zu erwarten. Bemerkenswert war die deutliche Verschlechterung von 17,2 % der Reaktion im Vergleich zu nüchtern, bei einem relativ niedrigen Faktorniveau. Die Zunahme, der statistischen Ausreißer ist ebenso nicht überraschend, da eine Verschlechterung der Reaktion und der Koordination zu erwarten war.

Die Ergebnisse der Messreihe „Koffein" weißen, im Vergleich zu den anderen Messreihen, eine sehr geringe Streuung auf. Ursache hierfür und den nicht so erwarteten signifikanten Effekt, könnte die Uhrzeit der Erfassung sein. Da zur Zeit der Messung eine natürliche Müdigkeit einkehrt, könnte der Effekt von Koffein verstärkt worden sein. Hier wären Messungen zu einer anderen Uhrzeit sinnvoll, um die Signifikanz des Effektes Koffein zu bestätigen.

Hervorzuheben ist das Ergebnis der Messreihe der Faktorkombination Alkohol und Koffein. Obwohl beide Effekte für sich genommen Signifikant sind, ist Alkohol der überwiegende Faktor und kann von Koffein nicht kompensiert werden. Mit Alkohol und Koffein tritt eine deutliche Verschlechterung auf die Reaktionszeit auf.

4.1 Kritische Betrachtung

Aufgrund der rein männlichen Probanden ist eine Geschlechter übergreifende Aussage über die Wirkung von Alkohol und Koffein auf die Reaktionsfähigkeit nicht möglich.

Da der Alkohol oral verabreicht wurde und keine entsprechenden Messgeräte vorlagen, konnte der genauen Blutalkoholspiegel leider nicht ermittelt werden. Dies führt zu einer gewissen Unschärfe der Messergebnisse, da kein einheitlicher Blutalkoholspiegel gewährleistet werden konnte. Da der Effekt von Alkohol auf die Reaktionsfähigkeit aber eindeutig Signifikant ist, kann diese Unschärfe vernachlässigt werden.

Eine mögliche Verzerrung der Messwerte durch Wirkstoff Toleranzen, hervorgerufen durch regelmäßigen Konsum von Alkohol und oder Koffein kann auf Grundlage des Konsumverhaltens der Probanden nicht ausgeschlossen werden. Bezüglich der starken Wirkung und der klaren Signifikanz des Faktors Alkohol, können Anpassungen bei diesem Faktor vernachlässigt werden. Bezüglich Koffein, lässt das Konsumverhalten der Probanden auf eine gewisse Wirkstofftoleranz schließen, was eventuell die Signifikanz des Faktors Koffein beeinflusst.

4.2 Fazit

Als Fazit lässt sich ziehen, dass Alkohol wie erwartet, eine deutliche Verschlechterung der Reaktionszeit bewirkt. Für die Verbesserung der Reaktionszeit, beispielsweise im Sport oder bei einem Spiel, kann Koffein ein probates Mittel sein, wobei zu bedenken ist, dass vorherige Studien einen positiven Effekt auf komplexere Aufgaben nicht nachweisen konnten (Feierabend & Bättig 1982, S. 241). Die wohl wichtigste Erkenntnis ist, dass nach Einnahme von Alkohol die zusätzliche Einnahme von Koffein keine Verbesserung der Reaktionszeit bewirkt. Dies könnte vor allem im Straßenverkehr eine wichtige Erkenntnis sein.

4.3 Ausblick

Auf Grundlage der hier durchgeführten Experimente wäre es weiter interessant herauszufinden, ob die Effekte der Faktoren auf weibliche Probanden eine gleiche oder ähnliche Signifikanz aufweisen. Weiter wäre eine Betrachtung verschiedener Alterskohorten relevant, um herauszufinden, wie sich die Reaktionszeit unter Einfluss der Faktoren mit fortschreitendem Alter entwickelt. Auch könnte in weiterführenden Studien eine genaue Messung der Konzentration von Alkohol und/oder Koffein im Blut erfolgen.

A Literaturverzeichnis

BZgA, Bundeszentrale für gesundheitliche 2017. *Warum werden Frauen schneller betrunken?.* Alkohol? Kenn Dein Limit! http://www.kenn-dein-limit.de/alkohol/haeufige-fragen/warum-frauen-schneller-betrunken/ [Stand 2017-10-18].

Feierabend, M.J. & Bättig, K. 1982. Effekte von Koffein auf physiologische Parameter während eines Lerntests. In *International Journal of Public Health*. 240–241.

Focus Online 2010. *„Essen hat gewisse Wirkung."* FOCUS Online. http://www.focus.de/gesundheit/ratgeber/psychologie/sucht/alkohol-essen-hat-gewisse-wirkung_aid_224373.html [Stand 2017-10-31].

Fucik, Robert & Bürger, Heribert 2008. *Unfallaufklärung und Fahrzeugschaden*. Wien: Manz.

Klier, Horst 2017. *BMI Formel - Wie berechnet man den BMI? Die Formel und ein Trick für den Taschenrechner. - BMI 3D*. https://www.bmi3d.de/formel.html [Stand 2017-10-18].

Rickert, H., Closs, p. & Pauschinger, p. 1968. *Kreislaufregulation, Reflex- und Reaktionszeit in der Resorptionsphase nach Alkoholeinwirkung*. Tübingen.

Schmitz, Marc 2017. *Warum wir Bier und Co im Alter schlechter vertragen*. www.t-online.de. http://www.t-online.de/gesundheit/gesund-leben/id_81115500/warum-wir-im-alter-alkohol-schlechter-vertragen.html [Stand 2017-10-18].

Spiegel Online 2017. *BMI-Rechner: So ermitteln Sie Ihren Body-Mass-Index - SPIEGEL ONLINE*. http://www.spiegel.de/gesundheit/ernaehrung/bmi-rechner-so-ermitteln-sie-ihren-body-mass-index-a-824673.html [Stand 2017-10-18].

Spiegel Online 2010. *Studie mit Vieltrinkern: Kaffee verliert seine Muntermacher-Wirkung - SPIEGEL ONLINE*. http://www.spiegel.de/wissenschaft/mensch/studie-mit-vieltrinkern-kaffee-verliert-seine-muntermacher-wirkung-a-698509.html [Stand 2017-10-31].

Statista 2017a. *Bierkonsum in Deutschland bis 2016*. Statista. https://de.statista.com/statistik/daten/studie/4628/umfrage/entwicklung-des-bierverbrauchs-pro-kopf-in-deutschland-seit-2000/ [Stand 2017-10-12].

Statista 2017b. *Themenseite: Kaffeemarkt und Kafeekonsum*. de.statista.com. https://de.statista.com/themen/171/kaffee/ [Stand 2017-10-12].

suchthilfe.net 2017. *Wie Alkohol wirkt*. http://www.suchthilfe.bplaced.net/herne/viewtopic.php?p=60 [Stand 2017-10-18].

sueddeutsche.de 2013. Verrauschte Werte. *sueddeutsche.de* . http://www.sueddeutsche.de/gesundheit/moderater-alkoholkonsum-verrauschte-werte-1.1694794-2.

Syrén, Stefan 2017. *Koffein: Wirkung und Nebenwirkungen - gesundheit.de*. https://www.gesundheit.de/ernaehrung/richtig-trinken/tee-und-kaffee/koffein [Stand 2017-10-18].

Witte, Axel 2016. *Wie laut darf die Musik im Auto sein?*. n-tv.de. http://www.n-tv.de/ratgeber/Wie-laut-darf-die-Musik-im-Auto-sein-article16998916.html [Stand 2017-09-7].

Wolpers, Andreas 2017. Koffein Wirkungsdauer: Wie lange wirkt Koffein wirklich? Gesunde Wachmacher. http://wachmacher-test.de/koffein/koffein-wirkungsdauer/ [Stand 2017-09-7].

B Anhang

B.1 Angaben zu den Koffeintabletten

Name:	Coffeinum N 0.2 g
Wirkstoff:	Coffein wasserfrei
Inhalt:	20 St
PZN:	04584653
Hersteller:	Mylan dura GmbH

B.2 Angaben zu Inhaltsstoffen von Bier

Name:	Braustüb'l Pilsner
Alkoholgehalt:	4,8 Vol %
Kcal:	43 / 100 ml
Inhaltsstoffe	Wasser, Malz, Hopfen

B.3 Messwerte

Tabelle A.1: Messwerte

Nüchtern	Alkohol	Koffein	Alkohol und Koffein
0,305734	0,209981	0,245276	0,325757
0,335159	0,306141	0,266824	0,329137
0,299936	0,361636	0,235373	0,351173
0,282505	0,349749	0,303789	0,279276
0,276214	0,276002	0,247509	0,398258
0,331516	0,339674	0,277336	0,322202
0,318259	0,371672	0,269926	0,393383
0,296912	0,366126	0,288516	0,274785
0,300528	0,389957	0,25989	0,323355
0,239739	0,334262	0,286897	0,381405
0,334935	0,347431	0,309142	0,298134
0,324387	0,386234	0,234956	0,251963
0,306906	0,333315	0,249706	0,299151
0,311255	0,305141	0,270806	0,32298
0,341579	0,313596	0,321088	0,363622
0,245454	0,362177	0,303041	0,348337
0,260496	0,364635	0,277199	0,287783
0,244472	0,373651	0,28168	0,302955
0,337876	0,369604	0,250739	0,371155
0,291754	0,482248	0,237707	0,314973
0,251866	0,27181	0,263985	0,509035
0,335026	0,349083	0,243279	0,329454
0,285461	0,318283	0,299521	0,373617
0,316571	0,359519	0,299183	0,470825

Quelle: Eigene Erhebung